Mark Sarg

Der Papst als Schoßhündchen

Mark Sarg

Der Papst als Schoßhündchen

Bizarre Kurzgeschichten

Goldene Rakete Verlag für Belletristik

Cover image: www.ingimage.com

Publisher:
Goldene Rakete Verlag für Belletristik
is a trademark of
International Book Market Service Ltd., member of OmniScriptum Publishing Group
17 Meldrum Street, Beau Bassin 71504, Mauritius

Printed at: see last page
ISBN: 978-620-2-44503-0

INHALTSVERZEICHNIS

DER FLUCH DER EINBALSAMIERUNG

Die einbalsamierte Miss Annegrett Pospischil erwachte nach geraumer Zeit wieder zum Leben. „Mein Gott, wie sehe ***ich*** denn aus!“, rief sie voller Bestürzung. „Da ist man ja als **Skelett** entschieden erotischer und attraktiver!“

Und sie ließ sich schleunigst vom renommierten Skeletteur Dr. Dorfbart Wackelpo in den gewünschten Zustand bringen – was ihr bis heute allergrößte Anerkennung und Bewunderung, beileibe nicht nur von Mannequins, Diätaposteln und Balletteusen sichert.

DIE VERGESSENE LEICHE

Bei der Umwandlung eines aufgelassenen Friedhofs in einen Vergnügungspark wurde die selige Demoiselle Amandine Lachsack glatt übersehen und daher auch nicht umgesiedelt.

„Mich vergisst man so rasch kein zweites Mal!“, empörte sie sich – und erschien zum Höhepunkte der Eröffnungsfeierlichkeiten „in vollem Gepränge“ auf der Festtribüne.

Seitdem ist sie die viel umjubelte Hauptattraktion auf dem Gelände – und wird wohl tatsächlich jedem Besucher ***un***vergessen bleiben.

DIE UNVERGESSENE LEICHE

Wahrhaft ***un***vergessen blieb die frühere Mrs. Frenzy Hinterdobel ihren Gefährtinnen auf dem Friedhof. „Nie mehr wieder wird eine wie ***sie*** in unserer Mitte weilen!", klagten sie, als sie feierlich von ihnen Abschied nahm, um als Comtesse Zenzi Dobelhintern ihre **Wiedergeburt** anzutreten.

„Wir werden ihr stets ein inniges Andenken bewahren. – Möge der Herr sie schützen und möglichst ***bald*** wieder zu uns herabgesellen!"

DIE WIEDEREINFÜHRUNG DER TODESSTRAFE

Um den drastischen Anstieg von Kirchenaustritten zu stoppen, setzte der um das Wohlergehen der Menschheit besorgte Papst Leitstrumpf V. mit diplomatischer Hilfe Luzifers die Wiedereinführung der Todesstrafe für dieses Delikt durch.

Und wiewohl inzwischen längst wieder aufgehoben, und gar manche Gläubige ihr Recht auf Austritt erneut ganz keck und unverfroren nutzen, hält sich doch bis heute bei der nicht unbeträchtlichen **Stammgemeinde** eine offenbar ***panische Furcht*** vor möglichen rigorosen Konsequenzen …

DIE WIEDEREINFÜHRUNG DER LEBENSSTRAFE

Nachdem in einem modernen, experimentierfreudigen Staate endlich die **Lebensstrafe** abgeschafft worden war, stellte man mit Ernüchterung fest, dass die Todesrate beängstigend hochschnellte – sodass man sich rasch veranlasst sah, sie wieder einzuführen.

Sie wurde von einem Sondergericht über alle jene verhängt, die sich in irgendeiner Weise – sei es durch bekundete oder vermutete Selbstmordabsicht, Unfallneigung oder Krankheit – chronisch oder akut ihrer Existenz zu entziehen drohten.

Man sperrte sie in Sanatorien, wo sie in Käfigen rund um die Uhr bewacht und medizinisch betreut wurden. Und **ganz** Uneinsichtige oder Renitente schloss man einfach an Maschinen an, von denen es garantiert **kein** Entweichen gab.

Und wen all dieses immer noch nicht „besserte“ – um den war es dann vermutlich ohnehin nicht schade ...

DAS WIEDERVERWERTBARE GESCHÖPF

Ein wiederverwertbares Geschöpf meldete sich beim Militär, und wurde prompt neuerlich in eine Schlacht entsandt. Und das, obwohl es bereits mehrere Male ***letal*** verwertet worden war.

Es war eben offenbar für andere Zwecke noch nicht verwertbar – weil es seinen ***wahren*** Wert noch nicht gefunden hatte ...

DIE ACHTSAMKEIT

Señor Arturo Blumenkohl war achtsam genug, sein Leben zunächst einmal in untadelige Ordnung zu bringen, hernach mustergültig zu absolvieren – und ***dann*** erst zu sterben.

Für diese seltene Tugend wurde ihm zwar auf Erden nur ein bescheidener Kranz spendiert – im **Jenseits** aber wurde er mit ***Applaus*** begrüßt!

DIE UNACHTSAMKEIT

Lady Elsbetta Strauchdieb war derart unachtsam, dass sie es nicht einmal merkte, als sie **gestorben** war.

Sie fuhr einfach fort, ihre Mitgeschöpfe wie eh und je zu drangsalieren und zu tyrannisieren – nur dass diese sie jetzt nicht mehr wahrnahmen und eben nicht mehr auf sie reagierten.

Da wurde sie **endlich** achtsam – und begann sich ***selbst*** zu tyrannisieren ...

„MELKEN SIE MICH!“

„Malträtieren Sie mich nicht, sondern ***melken*** Sie mich!“, muhte unwirsch eine Kuh, als sich der neue Stallbursch etwas ungeschickt anstellte. „Ich bin gottlob nicht Ihre **Frau**! – Und falls Sie nachher noch etwas ***anderes*** suchen – dort wartet der Stier!“

Diesem Winke folgend, wollte der Debütant doch tatsächlich auch jenen melken. Aber das ging leider weniger glimpflich aus …

„MELKEN SIE MICH NICHT!“

„***Melken*** Sie mich doch nicht!“, verbat sich hochentrüstet die mondäne Comtesse Juliette Greenteig, die sich auf einer Landpartie in einen Stall verirrt hatte und vom noch unerfahrenen jungen Bauern glatt mit einer Kuh verwechselt worden war. Worauf er tief erschrocken über sein Missgeschick vor ihr auf die Knie fiel.

Da erbarmte sie sich seiner rasch – und molk ***ihn.*** An der einzig möglichen Stelle.

„MELKEN SIE SICH!“

„Nun lassen Sie mich endlich in Ruhe und melken Sie sich gefälligst ***selbst***!“, beendete eine damenhafte Ziege, kapriziös und gelangweilt gähnend, die fruchtlosen Versuche des alten Knechts, ***„Ich*** habe das nicht mehr ***nötig*** heute!“

Durchaus begreiflich. War sie doch kurz zuvor von einem durstigen jungen Prinzen im Vorbeizug gemolken worden.

„MELKEN SIE SICH NICHT!“

„Melken Sie sich nicht selber, sondern lassen Sie dies den Staat für Sie tun, der es weit ***besser*** kann!“, riet Finanzminister Pasquale Wolkenstrumpf im Vorwort seines „Leitfadens für den braven Steuerzahler“.

Sir Kaspar Wildspecht, Querulant aus Leidenschaft, handelte dem jedoch zuwider und verprasste sein gesamtes Geld lieber im Spielcasino.

Gemolken wurde er aber dennoch von der Obrigkeit. Man ließ ihn seine Steuerschulden im Gefängnis abarbeiten.

DER SARG ALS KINDERMÄDCHEN

Ein Sarg hatte gründlich die Schnauze voll vom ständigen Umgang mit Leichen. Er bewarb sich um eine Stelle als Kindermädchen – die er prompt erhielt.

Er war nämlich in einem freizügigst dekolletierten Abendkleide erschienen – und machte damit Herrschaft wie Kindern Lust und Hoffnung auf mehr ...

DAS WIEDERAUFBEREITETE GESCHÖPF

Ein wiederaufbereitetes Geschöpf genoss seinen Zustand so sehr, dass es übermütig wurde und sich selbst **nochmals** aufbereiten wollte.

Es würzte sich exotisch und legte sich in eine heiße Pfanne, um sich kulinarisch zu rösten – doch verbrannte es unwiederbringlich, und konnte selbst von **Meistern** ihres Fachs kein weiteres Mal mehr aufbereitet werden.

Man soll eben wirklich ***nichts*** übertreiben!

DAS WIEDERAUFERSTANDENE GESCHÖPF

Ein wiederauferstandenes Geschöpf rülpste und bellte laut zur Begrüßung.

Dem entnahm man sogleich, dass es offenbar noch nicht genügend ***gereift*** war, und schickte es umgehend wieder hinab zur Erde.

Als Kirchenfürst.

DER GIPFEL DER UNVERFRORENHEIT ODER DER LORD ALS TOTENGRÄBER

Völlig unverfroren gab Lord Rüdiger Palmwirl sich überall als Totengräber aus, nur um ohne unnötiges Aufsehen immer wieder Leute einzuscharren – wobei es **überhaupt** keine Rolle für ihn spielte, ob diese tatsächlich schon verstorben ***waren***.

Doch der **Gipfel** der Unverfrorenheit war seine Begründung: „Wären alle sonst ***erfroren***, die armen Dinger!“

DIE LACHHAFTE SELBSTERKENNTNIS

Laut und schallend zu lachen begann Vicomte Louis-Sebastien Sauerampfer über sich selbst, als er nach Jahren endlich erkannte, ***wie*** lachhaft er doch eigentlich war.

Und sein Nachholbedarf ist offenkundig so gewaltig, dass sein Gelächter noch ***heute*** anhält.

Nur lachen jetzt merkwürdigerweise die ***anderen*** nicht mehr ...

DAS VERTRAUENSWÜRDIGE GESCHÖPF

ODER DIE ERLAUBTE NOTLÜGE

Ein vertrauenswürdiges Geschöpf flüsterte Marquis Laurent Brautvogel ins Ohr, dass der **Weltuntergang** unmittelbar bevorstehe.

Er glaubte ihm selbstverständlich, bedankte sich in aller Form, verkaufte schleunigst sein Anwesen, spendete den Erlös für einen vertrauenswürdigen Zweck – und zog sich in die Einöde zurück. Um dort den Rest seiner Tage überaus hektisch – als wäre jeder sein letzter – damit zuzubringen, sich gründlich und energisch selbstzuerforschen.

Was er andernfalls ***nie*** getan hätte – weshalb das Geschöpf sich trotz seiner „Notlüge“ des Vertrauens **keineswegs** als unwürdig erwies ...

DAS VERWÜNSCHTE GESCHÖPF

Ein verwünschtes Geschöpf wünschte sich selbst zum Teufel.

Dort angelangt, machte es ihm hochentzückt einen Heiratsantrag – den er prompt und ohne falsches Geziere akzeptierte.

Dafür verwünschen die beiden einander ***heute*** noch – sind aber gerade ***des***wegen immer noch beisammen.

Wie eben „ganz gewöhnliche“ Eheleute auch ...

DIE UNVERSEHRTHEIT

Sir Edgar Allan Wassermampfer, der immer allerhöchsten Wert auf seine völlige Integrität und **Unversehrtheit** gelegt hatte, ***starb*** auf deren „strahlendem Höhepunkt“.

Und wurde zu seiner unermesslichen Überraschung gewahr, wie sehr er in Wahrheit zuvor ***versehrt*** gewesen war ...

DER VORZEIGEPAPST

Aus Anlass seiner Amtseinführung zelebrierte Papst Schwadronio der Erste in den vatikanischen Grüften ein feierliches Hochamt zu Ehren seiner Vorgänger, wobei er es sich nicht nehmen ließ, deren Zustand gründlich zu inspizieren – der in den weitaus meisten Fällen freilich alles andere als heilig war. Was ihn immer wieder zu Ausrufen tiefen Erschreckens mit anschließenden Stoßgebeten animierte.

Lediglich bei einem Einzigen, Epidermio dem Geschmeidigen, stellte er tief befriedigt fest, dass dieser sich überaus wohltuend von der übrigen „Herde" abhob, was ihn zu dem Schlusse führte: „Ihn hat der Herr offenbar **besonders** behütet. Zumindest ***so*** will ich dereinst aussehen, damit ich auch dann noch vorzeigbar bin!"

Da er aber bis zu diesem Zeitpunkte nebst anderem Unheil vor allem etliche Scheiterhaufen entfachte, dachte der „Herr" gar nicht daran, ihm seinen Wunsch zu erfüllen. Und so ähnelt sein Äußeres mittlerweile genau jenem Gruftinsassen – Dragonio dem Letzten –, von dem er sich beim seinerzeitigen Antrittsbesuche mit Abscheu und Entsetzen unter Verrichtung des Kreuzzeichens abgewandt hatte, in der Annahme: „In den hier muss wohl der ***Teufel*** gefahren sein!!"

DAS EIGENWILLIGE RHINOZEROS

Ein mondänes Rhinozeros erschien in einem überaus **exquisiten** Abendkleid auf einer Prominentenparty. Sogleich bestürmte man es unbändig, den Schöpfer des Glanzstücks – Maître Clairville Goldspan – preiszugeben, was es sich freilich auf das Entschiedenste verbat: „Ich lasse mich doch nicht kopieren!“ Und vielbewundert und -beneidet rauschte es hoch erhobenen Hauptes nach 10 Minuten wieder ab.

Am nächsten Morgen beschloss es, das Kleid kein zweites Mal mehr anzuziehen („Ich kopiere mich doch nicht selbst!“), schenkte es seiner Putzfrau, Mrs. Fretty Grünsepp, und suchte sich eine neue.

Denn: „Ich sehe ihr doch nicht noch dabei zu, wie sie mich kopiert!“

DER FREITOD DES RHINOZEROS

Unerklärlicherweise verübte ein Rhinozeros Selbstmord aus einem **einzigen** Grunde: Weil es ein ***Rhinozeros*** war!

Doch drüben erkannte es: „Was ***war*** ich bloß für ein Rhinozeros, mich nur ***des***wegen umzubringen!!“

DAS PRÄPOTENTE GESCHÖPF ODER DIE WANDLUNG ZUM WAHREN CHRISTEN

Ein präpotentes Geschöpf kreuzte in einem katholischen Antiquariat auf und forderte eine „Originalbibel mit Widmung von oben“. Nie um die Erfüllung eines Kundenwunsches verlegen, zauberte der Inhaber, Prof. Malarius Traumkuss, im Nu ein solches „heiliges“ Exemplar herbei.

Doch dies genügte dem Geschöpfe ganz und gar nicht, es wollte die Kostbarkeit auch noch **umsonst** haben – da derlei schließlich ***un***bezahlbar sei! Auch darüber ließe sich reden, erklärte der Händler mit sarkastischer Gönnermiene, wenn es dafür ***ihn*** gratis dazunehme.

In seiner Präpotenz ging das Geschöpf auf das verwegene Angebot wörtlich ein – lud den Vorwitzigen gleich auf die Schulter und trug ihn nach Hause, wo es ihn in einen Käfig sperrte. Und diesen durfte er fortan nur verlassen, um jeweils nachts zwei Stunden lang aus dem stolzen Druckwerk zu deklamieren.

Als er damit nach einem halben Jahr endlich fertig war, sperrte ihn das Geschöpf erneut ein – wegen Gotteslästerung. Denn es konnte, selbst des Lesens unkundig, einfach nicht **glauben**, was es da die ganze Zeit über vernommen hatte.

Erst als ihm sein Opfer glaubhaft versicherte, dass es **seinerseits** nicht daran glaubte und sich gerade deswegen als ***wahren*** Christen empfand, schloss es sich dieser Haltung feierlich an, erbarmte sich seiner – und heiratete es, ganz **ohne** Bibel.

„ERHALTEN SIE MICH!“

„***Erhalten*** Sie mich im Interesse des Staates!“, appellierte die bedeutende Hofschauspielerin Rinalda Aderlass, die sich von einer schweren Krankheit bedroht sah, an das zuständige Kunstministerium.

Man erfüllte gerne ihr Begehren, stopfte sie schon zu Lebzeiten aus und stellte sie als Kulturdenkmal allerersten Ranges im Nationalmuseum zur Schau.

„ERHALTEN SIE MICH NICHT!“

„Erhalten Sie mich nicht, denn das ist es durchaus nicht wert!“, verbat sich die dahinsiechende Lady Erzsébet Kicherlaus allfällige Lebens- und Leidensverlängerungen ihres Arztes, Dr. Schaumgott Kirchenmaus.

Die Gute übersah dabei freilich nur, dass auch ihr Bankkonto ohne sie für den Doktor nichts wert war …

„ERHALTEN SIE SICH!“

„Erhalten Sie sich wohl, verehrte Gnädigste, damit Sie noch recht lange unter uns weilen!“ Die hoffnungsvolle Begrüßung des von der besorgten Verwandtschaft herbeigeholten Spezialisten Prof. László Schirmrüssel war im Grunde bereits an eine Tote gerichtet.

Denn die schon halb in höheren Sphären befindliche Gräfin Magdalena Lurchzwirn hatte ihn blitzartig als ehemaligen **Pferdedoktor** entlarvt, von dem ihr in einem früheren Leben äußerst Übles widerfahren war, und es daher vorgezogen, lieber ***gleich*** das Zeitliche zu segnen.

„ERHALTEN SIE SICH NICHT!“

„Erhalten Sie sich nicht selber, sondern lassen Sie ***Gott*** dies für Sie tun, der es weit besser kann!“

Kein Wunder wahrlich, dass man dieser verlockenden „biblischen“ Einladung wegen fatalerweise bis heute je nach Belieben den Staat oder die Kirche allzu leicht mit dem **Allmächtigsten** verwechselt …

DER HÜPFENDE SARG

Ein Sarg hüpfte munter durchs ganze Land,
bis seine Insassin wieder ins Leben fand.

Doch fiel ihr die Trennung von ihm jetzt schwer
– und so hüpfen sie fröhlich zu ***zweien*** seither.

DER TANZENDE SARG

Ein Sarg tanzte auf sämtlichen großen Ballettbühnen der Welt – wobei seine Glanzpartie die *Giselle* war.

Wie ihm solches überhaupt möglich war, wusste er bis zuletzt selber nicht.

Und dass es auch ***sonst*** niemand wusste, trug sicherlich nicht ***un***wesentlich zu seinem rauschenden Erfolge bei ...

DER KIRCHENHÜPFER

Ein präpotentes Geschöpf hüpfte durch die Kirchen und hielt die Gläubigen zum Besten. Da sie es weder zu benennen wussten noch sich anzusprechen getrauten, ließen sie es widerwillig geschehen.

Und mittlerweile hüpft es längst ganz ungeniert als ***Papst*** herum.

DER KIRCHENFÜRST

Ein Geschöpf war so seltsam, dass sich keiner mit ihm auskannte.

Wenn es einem die Pranke zeigte, wusste man nicht, war dies zum Gruße oder wollte es einen ohrfeigen.

Wenn es den Klumpfuß hob, wusste man nicht, wollte es mit einem tanzen oder einen treten.

Wenn es auf sein üppiges behaartes Hinterteil deutete, wusste man nicht, war dies ein inakzeptables Angebot oder sollte man ihm bloß einen Stuhl bringen.

Wenn es sein Maul aufriss und einen angrinste, wusste man nicht, wollte es einem schmeicheln oder einen auffressen – oder gar beides.

Erst wenn es sich plötzlich bekreuzigte und einen feierlich zu segnen begann – da endlich wusste man: Es war ein Kirchenfürst!

DAS AUFSCHLUSSREICHE GESCHÖPF

Ein aufschlussreiches Geschöpf gab den Leuten „Aufschluss“ über den Sinn des Lebens und wurde damit sehr reich.

Und als es starb, machte es die höchst **aufschlussreiche** Erfahrung, dass ihm dies nun nichts mehr nützte ...

DER VERGESSLICHE LORD

So vergesslich war Lord Wendelin Gasbrenner, dass ihm sogar entfallen war, dass er vor geraumer Zeit bereits verstorben war. Er verhielt sich ganz einfach so, als würde er noch leben – und vergaß prompt jeden Tag aufs Neue, wie wenig erfolgreich er in diesem Unterfangen war.

Doch spielte all dies ohnehin nur eine höchst ***unter***geordnete Rolle. Er hatte nämlich auch längst schon vergessen, dass er überhaupt jemals ***geboren*** worden war ...

DER UNANTASTBARE

Ein Sarg galt in der gesamten Friedhofswelt als **unantastbar**. Keiner traute sich zu nahe an ihn heran, und über seinen offenbar entweder höchst unheimlichen oder aber „allerheiligsten“ Insassen wucherten seit langem die wildesten Gerüchte und Spekulationen.

In Wahrheit aber hatte er diese ***selbst*** gestreut – damit nur ja niemand auf die Idee verfiele, ihn zu öffnen, und solcherart herausfände, dass er gänzlich ***leer*** war.

Er war nämlich überzeugter ***Single*** und gedachte dies auch auf Lebzeiten zu **bleiben**!

DER ANTASTBARE

Ganz im Gegensatz zu manch anderen Zeitgenossen ließ sich Bischof Flamingo Busenteufel bei der Autogrammstunde nach dem Hochamte stets mit größtem **Wohlbehagen** von hysterischen gläubigen Fans an allen **beliebigen** Körperstellen „gut und reichlich“ betasten und begrapschen.

Er war eben, wie die Kirchenpropaganda stolz ihr Aushängeschild titulierte, „ein Bischof zum Anfassen und fürs ***Volk***“!

DIE NACHHALTIGE HEILUNG

„Wie überaus **gerne** würde ich doch die Beichte ablegen!“, schmachtete Comtesse Schlauchine Meerbauch immer wieder – mangels anderer Beschäftigung – im Sarg. „Aber so ganz ohne Stuhl wäre es eben nur der ***halbe*** Genuss.“

Und um dieses Manko möglichst gründlich auszugleichen, schob sie als nächste Verkörperung eine – höchst **unerquickliche** – Existenz als ***Beichtstuhl*** ein.

Ehe sie dann im darauffolgenden Leben ein für alle Mal ***geheilt*** war von der katholischen Ideologie.

DER STERBENDE SARG

Ein Sarg lag in seinen letzten Zügen. „Mein Gott! Tu mir ***das*** nicht an! Was mache ich bloß ohne dich?!“, rief seine Partnerin, Miss Loretta Strudelhut, unentwegt ganz aufgelöst. „Aber du bist doch selber tot, dämliche Ziege!“, versuchte er sie liebevoll zu beruhigen. – „Deswegen brauche ich dich ja so sehr!“ – „Ach, du wirst dir einen anderen finden.“

Und kaum war sein Geist entwichen, **hatte** sie einen anderen gefunden.

Da bewunderte sie den Verflossenen auch noch nachträglich für seine ungeheure Weisheit.

PSYCHIATRISCHER FANATISMUS

Eine formidable Koryphäe auf seinem Gebiete, war Psychiater Dr. Bonifazius Kraftmeierl im Verlaufe seiner steilen Karriere gleichwohl immer mehr zum **Fanatiker** missraten.

Nicht eher wollte er ruhen, als bis er die ganze ***Welt*** zur so dringend nötigen Behandlung in seinem Sanatorium untergebracht hätte.

Und als er dann endlich einsah, dass dies, nicht zuletzt wegen baulicher Gegebenheiten, absolut undurchführbar war – hatte er sich freilich schon ***vorher*** aus schierer Verzweiflung erhängt ...

DER SONDERBARE BEICHTSTUHL

Auf dem Dachboden seines neu erworbenen Chalets fand Chevalier Leblanc Herbststiefel einen ehrwürdigen alten Beichtstuhl, mit dem es eine seltsame Bewandtnis hatte: Sooft er in ihn um zu beichten hineinkroch, warf ihn der Stuhl gnadenlos und unerbittlich wieder hinaus.

Nach längerem Rätselraten entschloss er sich, den Ungastlichen formell um eine Erklärung zu bitten. „Ganz einfach", lüftete dieser sogleich sein Geheimnis, „Seit ich **endlich** pensioniert bin, sind mir derlei Zudringlichkeiten ein wahrer **Gräuel**! – Was würden ***Sie*** übrigens sagen, wenn ich ***Ihnen*** hineinkröche?!"

DIE SELTSAME TOTENGLOCKE

Eine Totenglocke fasste den Entschluss, nur mehr dann zu läuten, wenn gerade **niemand** gestorben war. Da sie dies jedoch auf die ganze Welt bezog, erklang sie mithin ***niemals*** mehr.

Die Leute im Dorf schlossen sie richtig ins Herz deswegen – zogen aber daraus den sicher auch nicht falschen Schluss, dass alle die, die augenscheinlich dennoch starben, in Wahrheit eben **weiterlebten**.

DER PAPST ALS SCHOSSHÜNDCHEN

Dass **diesem** brennenden Begehren von Papst Mottenschädel dem Trüben spontan nur ***einer*** – dafür desto engagierter – bereit war, die Schoß zu bieten, überrascht sicher nur wenige:

Natürlich sein alter Kumpel, Luzifer.

Printed by Books on Demand GmbH, Norderstedt / Germany